CHATEAUBRIAND

SOUVENIRS INTIMES

PAR

CH. DU BOISHAMON

DINAN

J. BAZOUGE, IMPRIMEUR-LIBRAIRE.

1875.

CHATEAUBRIAND

SOUVENIRS INTIMES

PAR

CH. DU BOISHAMON

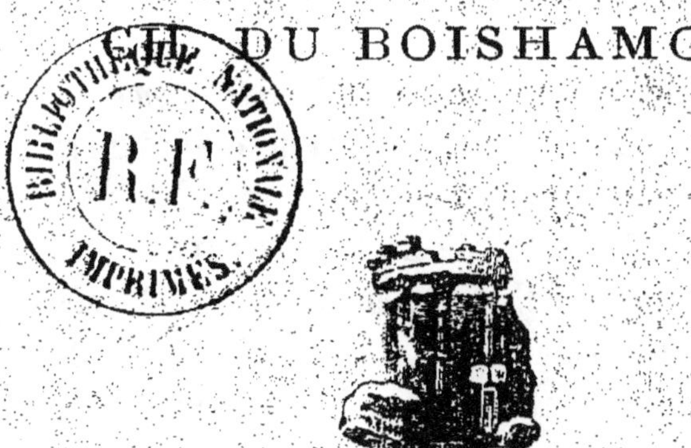

DINAN

J. BAZOUGE, IMPRIMEUR-LIBRAIRE.

1875.

CHATEAUBRIAND

SOUVENIRS INTIMES

PAR

CH. DU BOISHAMON

L'illustre auteur du *Génie du Christianisme*, à qui Saint-Malo, sa ville natale, vient de rendre de si justes honneurs, avait pour mère Dame Pauline-Jeanne-Suzanne de Bedée de La Bouëtardaye.

M. de Chateaubriand, au premier volume de ses *Mémoires d'Outre-Tombe*, a écrit que « le comte de » Bedée, l'unique frère de sa mère, avait bâti, près » de Plancoët, le château de Monchoix. »

De plus, M. de Chateaubriand raconte, en plusieurs autres endroits du même volume, que c'était à Monchoix qu'il allait passer ses vacances pendant qu'il était écolier à Dol et à Dinan.

Il donne, sur la manière agréable dont le temps y était employé, des détails que je n'ai pas à répéter ici.

Monchoix m'est venu par ma mère, Antoinette-Marie de Bedée de La Bouëtardaye, petite-fille de celui qui l'avait bâti.

A l'occasion des fêtes qui ont eu lieu dernièrement à Saint-Malo, plusieurs journaux ont eu la bienveillance de citer mon nom et ma demeure et de dire que, pendant le cours de sa vie , M. de Chateaubriand s'était toujours souvenu de Monchoix. C'est vrai. Si je viens, en ce moment, écrire quelques lignes, ce n'est point par la prétention d'élever la voix au milieu de ce concert d'hommages qui viennent d'être décernés au grand écrivain breton. Je craindrais d'entendre mon confrère Féval me crier : « Cher ami, ne » risquez-vous pas, en venant parler après nous, de » faire l'effet d'un hibou surgissant parmi des rossi- » gnols ? » En consignant ici des souvenirs personnels, mon but est uniquement de venir à l'appui de ce que contenait la note bienveillante publiée par quelques journaux , entre autres par l'*Union Malouine* et le *Journal de Rennes*.

Chaque fois que je suis allé à Paris, depuis 1840 jusqu'en 1844, M. de Chateaubriand m'invitait toujours à dîner. La première fois que mon illustre parent me fit cet honneur, pour le dimanche 6 décembre 1840, j'avoue que j'étais peu rassuré sur la mine que j'allais avoir à la table d'un personnage si considérable. Mes frayeurs n'étaient pas fondées. Je reçus l'accueil le plus amical. D'ailleurs, cette fois, je n'étais pas le seul invité de M. de Chateaubriand. Parmi un certain nombre de convives, dont je ne me rappelle plus les noms, se trouvait M. de Rauville, neveu, comme moi, par sa mère, Marie de Bedée de La Bouëtardaye, mais à un degré plus près, de celui qui nous admettait à être ses commensaux.

Familier de la maison et justement tenu en très grande estime par M. de Chateaubriand, M. de Rauville entretint une conversation des plus animées et des plus intéressantes, à laquelle notre oncle commun prenait une vive part, ainsi que Madame de Chateaubriand, qui dînait avec nous ce jour-là. Moi, je me taisais et me bornais à écouter, ce à quoi je ne pouvais que gagner, bien plus encore quand furent arrivés au salon, pendant la soirée, un grand nombre de hauts personnages, tant du monde politique que du monde de la littérature, des sciences et des arts.

J'étais jeune alors ; je n'avais dans mon bagage littéraire que quelques articles de journaux, fautes dont je me serais bien gardé de m'accuser en pareil lieu.

La conversation à l'ordre du jour était la rentrée prochaine des cendres de Napoléon, cérémonie qui devait avoir lieu le 15 du même mois de décembre.

Plus tard, un certain soir de juillet 1844, où M. de Chateaubriand m'avait encore invité à dîner, il fallut affronter une séance à table à laquelle nous deux seuls étions présents. Madame de Chateaubriand ne parut pas ; elle était aux prises avec un rhume. Mais la bienveillance de mon hôte, qui avait déjà, précédemment, daigné causer avec moi comme un simple mortel, m'avait depuis longtemps rassuré.

Il commença par me parler de ma mère, qui était morte l'année précédente, et me témoigna le regret de n'avoir pas eu l'occasion de revoir celle qu'il avait connue, à Londres, *la petite Antoinette.*

Ma mère était fille de ce cousin en compagnie duquel M. de Chateaubriand avait souffert les misères de l'émigration , en cet *heureux temps* (1) où ils avaient éprouvé tous deux, dans les greniers de la capitale de l'Angleterre, les angoisses d'une diète forcée, et où le père de *la petite Antoinette* d'alors s'enveloppait, pour se garantir des froids nocturnes, dans sa robe rouge de conseiller au Parlement de Brétagne, et se couvrait d'une chaise en guise de courte-pointe.

M. de Chateaubriand me fit ensuite des questions sur l'entourage extérieur et l'aménagement intérieur de Monchoix. Il se préoccupait surtout du sort qu'avait pu subir une avenue qui se trouvait au sud-ouest de l'habitation. En 1844, elle existait encore tout entière. M. de Chateaubriand parut l'apprendre avec plaisir. Pourquoi ? Je n'en sus pas la raison. De cette avenue il ne reste plus aujourd'hui que la moitié, mais ce ne sont plus les vieux chênes qu'avait connus l'ancien écolier de Dol et de Dinan. De ceux-là un seul demeure debout.

Je pus affirmer à celui qui s'intéressait si fort aux souvenirs de Monchoix que l'appartement qu'il y occupait autrefois n'avait subi aucun changement, et que son lit y était encore, en compagnie d'une commode antique. Mais je ne lui dis pas que la cheminée n'était plus ornée de ces pots de confitures qu'il allait dérober dans le buffet de la salle à manger, et dont ses cousines Caroline, Marie et Flore changeaient le contenu en filasse, quand il était sorti de sa chambre.

Il me chargea de dire à mon père, qui existait alors, qu'il avait désiré bien des fois le connaître, d'après ce qu'il en savait par de nombreux témoignages.

(1) *Mémoires*, 10ᵉ vol.

En 1816, M. de Chateaubriand intervint auprès de M. le duc de Feltre, ministre de la guerre, pour faire valoir des droits justement acquis par les longs et honorables services militaires de mon père. Non-seulement cette intervention, à laquelle s'était jointe celle de plusieurs personnages des plus marquants d'alors, n'eut pas de succès, mais on y répondit par la suprême injustice d'une mesure des plus odieuses à l'égard d'un homme qui possédait une capacité des plus incontestées, et avait tout sacrifié pour la cause du Roi.

C'était du reste assez la coutume, à cette époque, que les royalistes fussent ainsi traités pas les transfuges de l'Empire que Louis XVIII appelait dans ses conseils.

M. de Chateaubriand n'avait pas oublié cette circonstance. Je puis d'autant mieux en parler moi-même en connaissance de cause que je possède l'autographe de la recommandation adressée par M. de Chateaubriand au duc de Feltre, en faveur de « son neveu » Henri du Boishamon. »

Quoique, dans *les Mémoires d'Outre-Tombe*, il ne soit pas question de la maison de La Bouëtardaye, l'auteur en avait gardé souvenir, ainsi que de sa cousine, Mlle Caroline de Bedée, qui l'habitait en 1844.

En me parlant de cette dernière, il ne paraissait pas avoir conservé l'impression que trahissent les lignes, un peu trop remplies d'humour peut-être, qu'il avait écrites sur elle au troisième volume des *Mémoires* précités : il prononçait son nom avec les

signes de l'affection la plus sincère. Sa cousine lui
rappelait son oncle, et ces sujets ramenaient toujours
la conversation vers Monchoix. Dans ce moment il
me semblait bien réellement dominé par le sentiment
qui lui avait dicté les lignes suivantes, fin de chapitre
par laquelle étaient suffisamment corrigées quelques-
unes de celles qui précédaient :

« Adieu, mon oncle chéri ! Adieu, famille mater-
» nelle, qui disparaissez ainsi que l'autre partie de
» ma famille ! Adieu ! ma cousine de jadis, qui m'ai-
» mez toujours comme vous m'aimiez lorsque nous
» écoutions ensemble la complainte de notre bonne
» tante de Boisteilleul sur l'*Epervier*, ou lorsque vous
» assistiez au relèvement du vœu de ma nourrice, à
» l'abbaye de Nazareth ! Si vous me survivez, agréez
» la part de reconnaissance et d'affection que je vous
» lègue ici. Ne croyez pas au faux sourire ébauché
» sur mes lèvres en parlant de vous : mez yeux, je
» vous l'assure, sont pleins de larmes. »

Ces sentiments de M. de Chateaubriand à l'égard
de sa cousine, Caroline de Bedée, étaient bien les
véritables. Je n'en veux pour preuve que la lettre
suivante, dont je possède l'autographe :

   « Val-de-Loup, près d'Aunay, par Antony, département
     » de Seine, ce 17 décembre 1807.

» Je vous avais conseillé, ma chère cousine, de
» prendre dans l'Ecriture un verset qui s'appliquât
» aux vertus de votre respectable père et qui exprimât
» votre douleur. Ces sortes d'épitaphes tirées des
» Livres Saints sont bien plus augustes et bien plus
» touchantes que tout ce que l'on peut dire.

» Il faut pour une épitaphe rencontrer un mot heu-
» reux, que l'on ne trouve pas toujours, et l'on court
» les risques de tomber dans le pathos si l'on veut
» s'élever, et dans la trivialité si l'on tient à des
» choses communes. J'y réfléchirai pourtant, et, si je
» rencontre quelque chose, je vous le dirai ; mais il
» faut surtout que l'épitaphe soit latine.

» Quant à la rente, chère cousine, ne vous gênez
» pas. Prenez tout le temps que vous voudrez. Je
» vous embrasse tendrement, ainsi que ma chère
» tante. Ma femme vous remercie mille fois de votre
» bon souvenir et vous dit mille choses.

» Votre dévoué et affectionné cousin,

« DE CHATEAUBRIAND. »

Après avoir parlé de Mlle de Bedée, M. de Chateaubriand se tut pendant quelques minutes. Je crus
devoir respecter ce silence. Je fus néanmoins le premier à le rompre.

— Puisque vous avez conservé un souvenir si per-
sistant de Monchoix, repris-je, et des personnes qui
l'habitaient avec vous, pourquoi n'y reviendriez-vous
pas ? Il n'est pas besoin de vous exprimer avec quel
bonheur on vous y recevrait. Puis, un voyage en
Bretagne serait pour vous un voyage triomphal.

— La Bretagne ! me répondit-il..., la Bretagne !
Combourg ! Monchoix ! Je retrouverais partout des
souvenirs dont le poids m'écraserait... La Bretagne !
oui, j'y retournerai, mais, *les pieds les premiers !*

Des interrogations sur Monchoix il passa à celles
sur l'église de Nazareth, sur les maisons de sa grand'

mère et de sa nourrice, dans la rue de l'Abbaye, à Plancoët.

Je pus lui donner sur tous ces sujets les renseignements les plus précis, et des détails d'autant plus exacts sur l'habitation de sa grand' mère, que cette ancienne construction, encore parfaitement conservée, touchait d'assez près à l'une des plus antiques de la rue, *le Dôme,* que je connaissais *spécialement,* et qui tirait son nom de sa structure originale.

Au temps où Mlle de Boisteilleul, sœur de Mme de Bedée, grand'mère de Chateaubriand, appelait à une partie de jeu les trois demoiselles de la Villedeneu, habitantes de la maison contiguë, en frappant les pincettes contre une plaque de cheminée qui résonnait à leurs oreilles, le donjon séculaire du Dôme était occupé par M. le comte de Trémigon, ce même *epervier* dont Mlle de Boisteilleul avait été l'infortunée *fauvette,* et dont les amours avaient fini par ce refrain de chanson :

Ah ! Trémigon ! la fable est-elle obscure ?
Ture-lure.

Non seulement M. de Trémigon était le héros de chansons telles que celle dont je ne puis, à regret, citer que le fragment qui précède, mais il était encore le point de mire de plusieurs proverbes dont la splendeur aurait fait pâlir ceux de Sancho Pança. Ma tante, Mlle Caroline de Bedée, m'en a jadis appris plusieurs dont l'esprit était assez gaulois.

Le Dôme fut acheté de M. de Trémigon par M. de La Planche. Ce dernier était, par son aïeule, Françoise de Bedée de La Bouëtardaye, cousin de M. de Chateaubriand.

Le Dôme appartient aujourd'hui à ma belle-sœur, Mme de Courville, petite-fille de M. de La Planche.

M. de Chateaubriand me semblait écouter avec intérêt le compte que, suivant son désir, je lui rendais de l'état de toutes ces demeures qu'il avait jadis tant de fois visitées, et surtout mes réponses aux questions qu'il m'adressait sur l'église de N.-D. de Nazareth. Ce pieux sanctuaire a toujours été en honneur chez les membres de la famille de Chateaubriand. Le comte Louis de Chateaubriand, neveu du vicomte, venait, à peu près chaque année, visiter, à la Bouëtardaye, soit Mlle Caroline de Bedée de La Bouëtardaye, pendant qu'elle vivait, soit M. et Mme de Rauville, qui l'habitent maintenant.

Un certain dimanche, le comte Louis de Chateaubriand me pria de le conduire à Nazareth, par le chemin que je connaîtrais le plus court, à travers les bruyères et les sentiers tortueux du tertre de Brandfer. Nous arrivâmes pendant les vêpres. L'ancien colonel des chasseurs de la Garde Royale, aussi pieux qu'il s'était toujours montré brave, s'agenouilla sur les dalles de l'église et resta dans cette attitude jusqu'à la fin de l'office. C'était le père de M. le comte Geoffroy de Chateaubriand, propriétaire actuel du château de Combourg. Il est mort il y a quelques années.

On a écrit en plusieurs endroits que c'était sur le tertre de Brandfer, ce monticule qui domine Plancoët et dont je viens de parler, que M. de Chateau-

briand avait placé l'histoire de *Velléda*. Cette sup-
position ne semble guère s'accorder avec cette
phrase , qu'on trouve dans le courant de l'épisode
des *Martyrs* :

« A l'extrémité d'une côte dangereuse, sur une
» grève où croissent à peine quelques herbes dans
» un sable stérile, s'élève une longue suite de pierres
» druidiques, semblables à ce tombeau où j'avais
» jadis rencontré Velléda. »

Ce lieu est évidemment Carnac. L'auteur le dit lui-
même dans les notes du livre X⁰ des *Martyrs*. Cependant, si l'on retourne deux pages en arrière, on y
trouve ces lignes :

« Sortant du château, j'allai m'asseoir sur une
» haute colline, d'où l'on apercevait le détroit britan-
» nique. »

Est-il une description qui puisse s'adapter mieux
au tertre de Brandfer, du sommet duquel on découvre
une assez longue étendue de la Manche, ce *détroit
britannique* qu'on n'aperçoit pas, je suppose, de
Carnac ?

De plus, dans le même livre, il y a une peinture tel-
lement exacte de plusieurs points du territoire avoisi-
nant Plancoët et la côte, que j'ai quelquefois pensé
que si l'auteur des *Martyrs* n'y avait pas placé le
théâtre des événements qu'il raconte, il y avait du
moins primitivement entrevu l'image de Velléda, au
temps où il y promenait ses jeunes et solitaires rêve-
ries.

Ces réflexions me venaient à l'esprit pendant que
M. de Chateaubriand me parlait du pays de Plan-

coët, mais je me gardai bien de lui adresser à ce sujet de téméraires questions.

Pendant le dîner, deux êtres appartenant à des espèces différentes nous tenaient compagnie, et M. de Chateaubriand avait bien voulu les confier à mes soins. C'étaient une perruche et un chat, deux animaux pour lesquels j'ai toujours eu, je l'avoue, un faible assez prononcé. Ce faible avait-il été deviné par mon hôte illustre ? Je n'oserais m'en glorifier.

Le culte du perroquet et de la perruche m'est entièrement personnel, mais celui du chat est héréditaire dans la famille maternelle de M. de Chateaubriand.

Ma bisaïeule, Marie-Angélique de Ginguené, épouse de M. le comte de Bedée de La Bouëtardaye, celui qui bâtit Monchoix en 1759, était cette tante qui, au dire de l'auteur des *Mémoires d'Outre-Tombe*, se faisait toujours suivre, dans l'escalier de sa nouvelle demeure, d'un chien hargneux et d'un sanglier grognon ; mais elle avait aussi un grand amour pour des animaux moins sauvages, pour les chats.

Quand elle partit pour l'émigration, elle emporta tous les membres de l'espèce féline qui résidaient à Monchoix. La race prospéra sous le ciel étranger. Quand Madame de Bedée revint en France, vers 1804, la cargaison des chats était considérable. Une des mamans de cette famille, nommée *Mirlite*, tomba à la mer pendant la traversée de Saint-Malo à Dinard. Ma bisaïeule donna, pour en opérer le sauvetage, un écu de six francs, somme alors considérable pour les pauvres émigrés, qui ne rapportaient guère en France que des bourses bien plates.

Le nombre des chats qu'elle possédait quand elle fut réinstallée à Dinan, dans une maison de la place des Cordeliers, se montait à quatorze. On comprend que la race n'a pas dû s'éteindre. Elle s'est perpétuée à Monchoix jusqu'à ce jour, de générations en générations, qui remontent, par une pureté d'origine incontestable, jusqu'à la fameuse *Mirlite* de ma bisaïeule.

Le chat dont M. de Chateaubriand m'avait confié le soin n'appartenait pas à la même dynastie. J'ai toujours supposé qu'il descendait de *Micetto, ce gros chat gris-roux à bandes noires transversales, né au Vatican, dans les loges de Raphaël, et que le Pape Léon XII avait élevé dans un pan de sa robe.*

« Je l'avais vu avec envie, » écrit M. de Chateaubriand, au dixième volume de ses *Mémoires,* « lors-
» que le Pontife me donnait mes audiences d'ambas-
» sadeur. Le successeur de saint Pierre étant mort,
» j'héritai du chat sans maître, comme je l'ai dit en
» racontant mon ambassade de Rome. Il jouit, en
» cette qualité, d'une extrême considération auprès
» des âmes pieuses. Je cherche à lui faire oublier
» l'exil, la chapelle Sixtine et le soleil de cette cou-
» pole de Michel-Ange sur laquelle il se promenait
» loin de la terre. »

Il m'est donc permis de dire que M. de Chateaubriand avait hérité de l'affection que sa tante portait à l'espèce féline, et qu'en toute circonstance il en donnait la preuve. Je n'en veux autre témoignage que cet extrait du septième volume de ses *Mémoires.*

Racontant son séjour et celui de Madame de Chateaubriand dans une maison de Suisse appelée la *Petite Provence*, pendant l'année 1824, il écrit ces lignes : « Un maigre chat noir, demi-sauvage, qui » pêchait de petits poissons et plongeait sa patte » dans un grand seau rempli de l'eau du lac, était » toute ma distraction. »

Le descendant de *Micetto*, au repas duquel M. de Chateaubriand m'avait chargé de pourvoir, était de manières douces, et me témoignait de son mieux sa vive reconnaissance ; mais il n'en était pas ainsi de la perruche, qui me mordait les doigts quand je n'étais pas assez preste pour les retirer, après l'avoir gratifiée de quelque friand morceau.

Mon hôte regardait parfois cette scène avec un demi-sourire qui semblait signifier : « Tirez-vous-en » comme vous pourrez. »

Une huitaine de jours après, je lui fis de nouveau visite. Je lui annonçai que je retournerais prochainement en Bretagne, et je lui demandai s'il n'aurait point quelque commission à me donner pour sa sœur, Madame la comtesse de Marigny, qui habitait Dinan. Je lui indiquai, d'une manière à peu près sûre, le jour de mon départ.

— Revenez la veille dans la matinée, me répondit-il.

Je ne manquai pas à la consigne, et, au jour indiqué, à midi, j'étais chez M. de Chateaubriand. Un domestique vint me faire connaître que je ne serais reçu qu'au bout d'un quart-d'heure.

Dans le salon d'attente était un personnage de

mine assez hère et revêtu d'un costume aux parties incohérentes. Il se promenait pensif, la tête baissée. Je le pris au premier moment pour un pauvre diable qui préparait le thème d'une sollicitation quelconque.

Au bout de cinq minutes environ, le domestique revint me parler à voix basse et me dit :

— M. le vicomte de Chateaubriand prie M. du Boishamon de vouloir bien permettre qu'on introduise avant lui M. de La Mennais.

Je répondis, bien entendu, affirmativement.

Mais ce fut avec la plus vive stupeur que je vis marcher devant le domestique mon compagnon d'attente, qui n'était autre que l'ex-abbé, jadis si célèbre, et dont l'habillement, certes, peu sacerdotal, se composait d'une redingote ultra-râpée, en cette étoffe verte qu'on appelait alors *circassienne ;* d'une cravate jaune sale ; d'un gilet à peu près de même couleur ; d'un pantalon dont je ne me rappelle pas la nuance, mais bien la brièveté, car il descendait au mollet à peine. Etait-ce en souvenir de la culotte courte que la soutane avait recouverte jadis ? Un chapeau assez graisseux, qui ne semblait pas manquer de renfoncements multiples, complétait l'accoutrement de cet ange déchu.

On me fit appeler avant que M. de La Mennais fût sorti. M. de Chateaubriand était à demi couché sur un lit de jour ; un secrétaire écrivait sur un bureau, à gauche. L'ex-abbé était presque tapi, à droite, au fond d'une cheminée où il avait établi sa chaise. Moi j'étais au milieu de l'appartement, en face du maître de la maison, dont je pouvais contempler encore une fois les traits de manière à les graver en moi-même d'une façon à jamais indélébile. Celui-ci me fit encore un accueil des plus gracieux. Il me répéta combien il aimait à revoir ses parents maternels, et me renouvela ses invitations en vue des séjours que je pourrais par la suite faire à Paris.

Je n'osais pas lui répéter la mienne pour Monchoix ; ce fut lui qui reprit l'initiative sur le pays de Plancoët. Il me fit remettre un paquet pour sa sœur, Mme la comtesse de Marigny, me chargea de ses meilleurs souvenirs pour sa cousine Caroline de Bedée, n'oublia point un mot aimable pour mon père, tout cela en présence de M. de La Mennais, qui ne souffla mot pendant tout le temps que dura ma visite. L'ex-abbé se leva et partit presque sans saluer.

Quand il fut sorti, M. de Chateaubriand me dit :

— Il y aurait peut-être quelques personnes qui pourraient se scandaliser de me voir recevoir encore chez moi M. de La Mennais ; mais il me vient assez fréquemment. J'ai eu d'abord l'espoir de le ramener dans la bonne voie qu'il a si malheureusement quittée, mais je commence à penser que mon espérance a été vaine.

Je crus devoir ne rien répondre. Je partageais cependant d'autant plus l'opinion qui venait de m'être exprimée que je me rappelais ce que m'avait raconté mon père d'une visite faite par lui à la Chesnaie, en 1829, pendant qu'il était sous-préfet de Saint-Malo, et d'une conversation à la suite de laquelle il avait pressenti dès lors les diverses apostasies de l'abbé de La Mennais. Mais c'eût été une témérité de vouloir développer mon sentiment personnel.

M. de Chateaubriand reprit immédiatement la conversation sur les commissions dont il devait me charger pour nos communs parents.

Je me levai presque aussitôt ; il me tendit la main. Je ne l'ai jamais revu depuis. Tout ce que je peux affirmer, c'est qu'en ce jour où il me fut donné de l'accompagner à sa dernière demeure, après qu'il fut rentré en Bretagne *les pieds les premiers*, suivant ce qu'il m'avait annoncé à moi-même, en juillet 1844, je gardais un cœur reconnaissant à l'homme illustre chez qui la grandeur et la gloire n'avaient pas éteint l'amour des traditions de la famille.

CH. DU BOISHAMON.

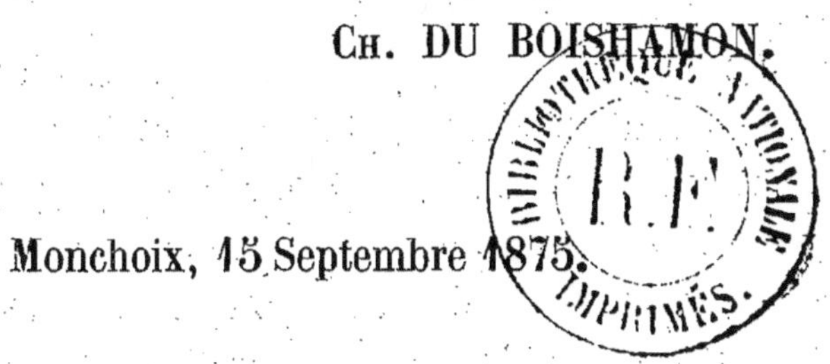

Monchoix, 15 Septembre 1875.

Dinan : Imprimerie BAZOUGE.

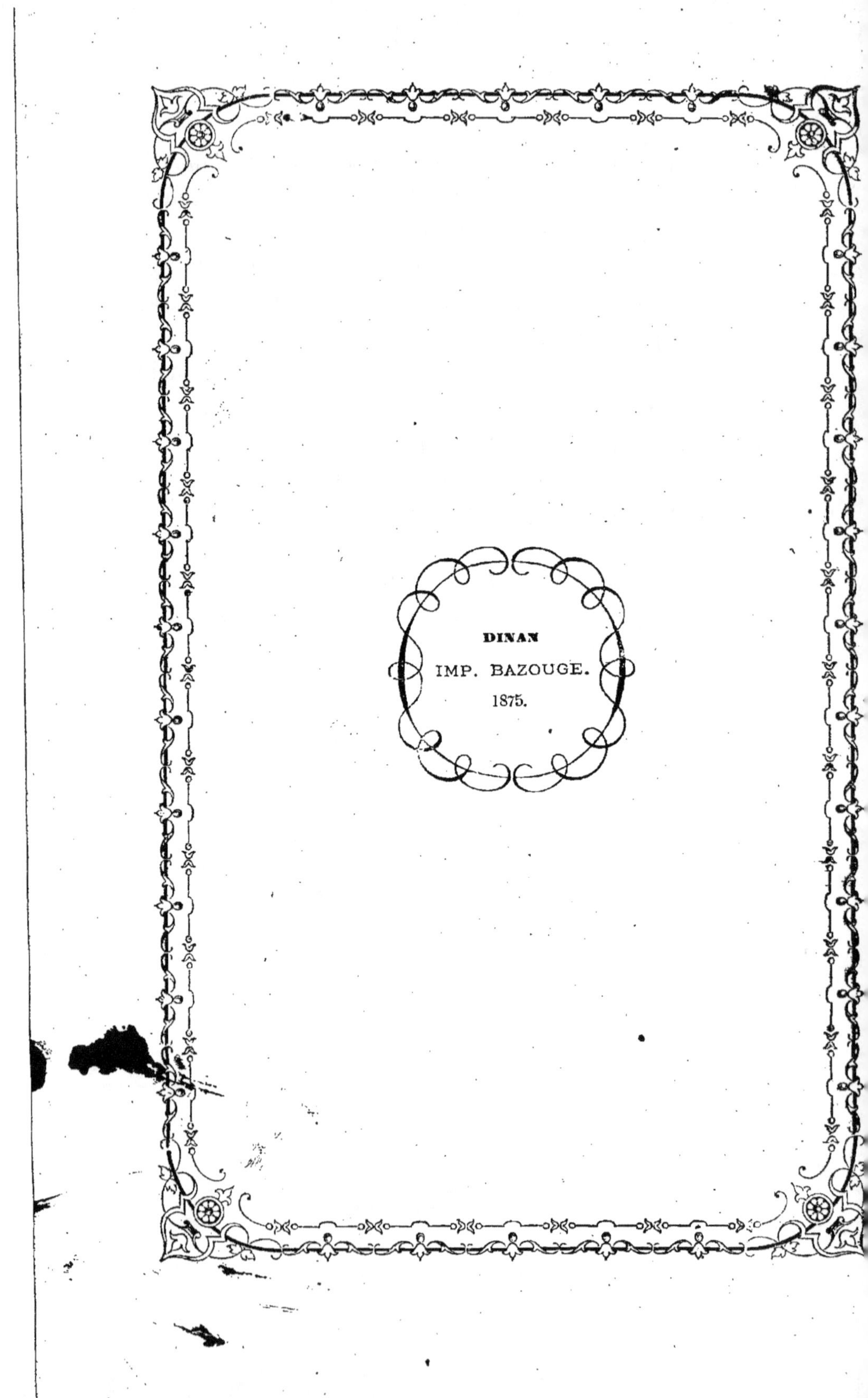

DINAN

IMP. BAZOUGE.

1875.